BIOGRAPHIE

DE

ROSA VENNEMAN

Écrite par ELLE-MÊME,

après sa SORTIE de Ste-ANNE.

SEPTEMBRE 1891

Publiée par

PÉRI VÉRITÉ

DÉCEMBRE 1891

Paris. — Imprimerie E. Béhal, rue Saint-Denis, 218.

BIOGRAPHIE

DE

OSA VENNEMAN

écrite par ELLE-MÊME,

après sa SORTIE de Ste-ANNE.

SEPTEMBRE 1891

Publiée par

PÉRI VÉRITE

DÉCEMBRE 1891

Paris — Imprimerie E. Behal, rue Saint-Denis, 218.

ROSA VENNEMAN

ROSA VENNEMAN

Je suis née en Belgique, à Anvers, en l'an 1842, le
26 juin, de parents gantois. Mon père s'est fait peintre,
étant déjà marié et père de famille de trois enfants :
une fille, morte à sept ans, et deux fils, Camille et
Adolphe. Il est entré dans l'atelier de Ferdinand de
Brackeller, comme élève, ayant une rente de douze
cents francs, faite par un richard de Gand, le chevalier
Heindrick.

Au bout d'un an, mon père eut un grand succès et
fut médaillé à l'Exposition d'Anvers. Son genre était
celui de Teniers. Il nous a tous élevés, sept enfants
sur douze, avec son pinceau. La mort est venue pour
tous excepté pour moi, la plus jeune.

Toute ma vie a été lutte et travail, et mon énergie et
mon ardent désir de vivre, seuls, ont fait qu'aujour-
d'hui, je suis arrivée à être l'aînée de cette famille où
la mort a passé si terriblement. Mon désir, je le répète,
aussi bien que celui de ma mère, a toujours été que je
vive longtemps et surtout que je lui survive : Dieu l'a
voulu ainsi, je dois la vie au climat français et au docteur Watteau, français d'origine, habitant Bruxelles.

A l'âge de dix ans, j'ai voulu être peintre. j'ai fait, étant encore tout enfant, des petits tableaux de cinq à dix francs, représentant une ferme, vendus à une marchande de tableaux, pour l'Amérique.

A une Exposition d'Anvers, j'étais en admiration devant un tableau signé : Troyon. Vaches blanches paissant ; vues de dos, ciel bleu. Mon admiration a été si grande. que j'ai dit : « *Voilà de la vraie peinture, on respire* »... Et depuis lors, je n'ai plus voulu entendre parler de la peinture glacis et bitume.

Avant cette Exposition, j'avais fait, chez M. Wuyts. qui avait une très belle galerie, rue du Jardin, à Anvers, une copie de Verbockhowen, représentant des moutons : j'avais de douze à treize ans J'ai copié encore un tableau du même maître, à peu près à la même époque : Vache et Taureau.

Mon père voulut alors me faire élève de Verbockhoven, dans l'atelier duquel il me conduisit, sans que j'en reçusse aucune impression. J'ai préféré faire des études d'après nature, à Ste-Anne, sur les bords de l'Escaut ; j'en ai conservé les esquisses, qui doivent encore se trouver dans mon atelier.

Mon père avait, comme ami intime, Monsieur François Cardon, architecte distingué de Gand. Celui-ci demanda à mon père de bien vouloir me laisser aller chez lui afin de me faire faire la connaissance des frères César et Xavier de Cock. J'ai été émue de cette belle peinture, saine et simple : Xavier de Cock m'a fait pleurer et Troyon m'a rendue enthousiaste.

Malgré mon père et mon frère Camille. peintre également, je suis allée habiter la campagne, à St-Denis-Westrem, près de Gand. pour fuir les séances et expériences de magnétisme qui se faisaient chez mon père, avec de Mulder ; Regazoni. célèbre magnétiseur qui a fait des cures retentissantes à La Haye sur des sourds et muets et un docteur Anversois dont le nom m'échappe, qui a commencé ses expériences magnétiques sur les chats. De Mulder distribuait des sacs d'argent aux pauvres, et les médiums qu'ils employaient conseillaient des radis noirs et du sucre candi à ceux qui souffraient des affections de poitrine.

. Lorsque Monsieur Cardon fut bien convaincu que ce n'était pas un caprice, ni une fantaisie, il me fit construire une petite maison avec atelier, que j'ai occupée pendant sept années consécutives, hiver et été, y vivant entièrement seule et de mon travail, faisant ma cuisine et mon ménage, travaillant ma peinture et l'allant vendre moi-même à Bruxelles, chez Bernheim aîné, Montagne de la cour.

J'avais comme voisins de campagne, Montje et Zalie, de pauvres paysans qui ont actuellement sept grands fils, dont je suis marraine de l'aîné, qui s'appelle Gustave Rosa. Ils sont tous vivants, parents et enfants, et tous heureux.

Madame Cardon me fit venir avec elle à l'Exposition Universelle de Paris de 1855. En revenant en Belgique, nous nous sommes arrêtées chez le baron Hamelinck, au château de St-Christofle, ancienne abbaye, qui date de 900, entre Senlis et Pont-Ste-Maxens. J'y revins seule à plusieurs reprises, par la neige comme par le soleil, le site étant admirable, et la France m'enthousiasmant toujours davantage. J'ai entièrement peint murs et bois du grand salon, au premier, les panneaux sont encore intacts aujourd'hui, car les peintures ont été épargnées par les Allemands pendant la guerre de 1870. Même dans le souterrain où, paraît-il, sont enfouis les trésors des moines rouges, à gauche, en descendant, sous l'ogive qui touche un cachot de l'époque. j'ai dessiné une tête de vache, et posé mes initiales et celles de M. Cardon.

Après une exposition à Gand, où j'avais exposé quatre tableaux, alors que j'avais huit cents francs devant moi. Montje me dit : « Mademoiselle Rosa, vous avez de l'argent, pourquoi ne partez-vous pas à Paris; vous avez des amis là-bas, les Messieurs Xavier et César de Cock, deux grands artistes »? J'écoute Montje, et il ajoute : « Je vais faire une prière pour vous, mais — et avec son énergique flamand, il accentuait l'inspiration : — *Gaatt naer Parys* — Partez pour Paris. Je m'y décide et vais à pied à Gand, chez Monsieur Cardon, qui se trouve à table. Madame Cardon me dit : « Que venez-vous faire à Gand, aujourd'hui, Rosa ? — Je viens vous prévenir lui répondis-je d'un ton décidé, que je pars pour Paris. » Monsieur Cardon regarde sa femme et lui dit qu'il s'y oppose. Mais Madame Cardon, connaissant mon caractère volontaire et entier, et mon amour pour l'art, me dit : « C'est bien, Rosa, allez-y, je vais préparer ce qu'il faut pour cela. » C'était immédiatement après l'Exposition Universelle de 1867. Trois jours après, sans prévenir ma famille, j'étais à Paris, Hôtel Joseph II, rue de Tournon.

En arrivant, je suis allée immédiatement au Musée du Luxembourg où j'ai copié une partie du tableau de Troyon : Les deux vaches, blanche et rousse. Là, on me disait : C'est la couleur belge qui fait votre vache si brillante. » Je donnais aux peintres qui me parlaient de la sorte, l'ocre transparent dont je me servais ; mais sans qu'ils puissent obtenir de résultat. Eugénie Salançon copiait Rosa Bonheur, elle vint à moi et me dit : « Etes-vous une honnête femme, et est-ce uniquement l'amour de l'art qui vous fait venir seule à Paris — Oui, lui répondis-je franchement. » Dès lors, elle me prit sous sa protection, ainsi que le père Colomb de St-Sulpice.

J'étais à Paris, l'année d'avant la guerre : j'ai fait des portraits et des gouaches depuis 5 fr. pour le pain quotidien. J'ai envoyé un petit tableau au Salon qui a été refusé.

J'ai connu le baron Wappers, peintre distingué et ancien Directeur de l'Académie des Beaux-Arts, à Anvers. Je suis allée avec sa recommandation et des lettres d'introduction du Cercle Artistique d'Anvers, me présenter deux fois, chez Rosa Bonheur, à By, près de Fontainebleau, où je n'eus pas le bonheur d'être reçue, moi qui désirais la connaître avec la même véhémente exaltation que l'on traduisait autrefois par « Voir Naples et mourir ! » ou « Aller en France et parler avec Marguerite ! » Mon appréciation, mon goût pour Rosa Bonheur avait été produits par une tête de lion qu'elle avait envoyée à l'Exposition d'Anvers et qui lui avait valu un immense succès.

Au cours de mon séjour à Paris, se produisit l'incident du retour de Rochefort, porté en triomphe par les étudiants, ce qui fit que la dame de l'Hôtel, préoccupée des bruits inquiétants de guerre et de révolution qui circulaient alors dans Paris, m'engagea fortement à repartir pour Anvers.

Je fus donc retrouver ma famille ; mais je devins promptement anémique, j'avais le spleen, le mal du pays qui s'appelle : « Le beau Paris ! la bonne France ! » Je reçus, à Bruxelles, les soins du docteur Watteau qui m'a guérie, ce dont je lui suis profondément reconnaissante.

J'ai travaillé ensuite dans mon pays, chez Louis Dubois, peintre d'un immense talent, qui semblait me porter autant d'estime que d'intérêt : il avait épousé ma belle-sœur, Philomène, veuve de mon frère Camille.

J'ai prié mon père et ma mère de venir habiter Bruxelles où le climat m'était déjà plus favorable et nous vivions ensemble, rue Cornet de gré, près de la rue Royale. Mon père est mort subitement pendant que moi j'étais à Roulers, en convalescence d'une fluxion de poitrine.

Après la mort de mon père, ma mère et moi, nous sommes allées habiter rue Traversière. C'est là que j'ai connu Adeline Dalait ou Adeline Dudlay de la Comédie Française et qui était alors une élève distinguée du Conservatoire de Bruxelles. Ma mère la prit en si grande affection qu'elle ne voyait que d'après elle. J'ai assisté au concours du Conservatoire qui valut à Adeline Dulait son prix d'excellence et qui fut pour elle un triomphe si grand, que le public en larmes formait une haie à sa sortie, pour la saluer. Elle a été à mon avis sublime dans le quatrième acte des Horace. Monsieur Parodi avait besoin d'une tragédienne pour jouer le rôle d'Opénia dans Rome vaincue, (le grand succès de Parodi et de Sarah Bernarhdt). Il a été subjugué, a fait venir Adeline à Paris, où elle a été engagée d'emblée par M. Perrin, directeur de la Comédie Française ; puis, Mlle Dulait revint à Bruxelles, chez Sedaine, pensionnée déjà par la Comédie Française.

J'étais seule et libre, aimant Paris, adorant la France, comme, du reste, je l'ai trop prouvé pour avoir à le répéter davantage, je vins donc avec elle, sur l'autorisation de son tuteur Ruelens. Nous travaillions l'une et l'autre avec la même énergie et le même courage, elle, apprenant ses classiques et répétant ses rôles, pendant que moi je peignais pour faire face à un engagement commercial que j'avais contracté avec les frères Hassfeld de Londres. Un homme généreux, directeur de la première banque de Belgique, m'avait fait l'avance de 3,000 fr.

Après l'engagement définitif de Mademoiselle Dulait à la Comédie Française, sous le nom de Dudlay, je fis venir ma mère de Belgique avec tous nos meubles pour nous fixer définitivement à Paris, rue des Martyrs, n° 35. où je louai un appartement dans la maison du colonel Chataignier et où je fis mon salon pour l'Exposition Universelle de 1878.

Nous avions une vie absolument tranquille, ma mère étant l'âme du foyer, femme simple et digne. s'il en fût, la plus dévouée des mères, elle voulait ma vie. Voir sa Rosa vivante ! elle qui avait tout perdu, Aussi comme elle veillait à notre bonheur et à notre confort, vaquant aux soins du ménage et nous laissant complètement à nos arts. Non-seulement notre

vie était tranquille, mais encore des plus artistiques.
Nous recevions, chaque semaine, le mercredi, des
artistes, des gens de lettres, des savants, des gens
du monde, tous distingués et nous étions heureuses
autant qu'on peut l'être ici-bas, jusqu'au jour où Mademoiselle Dudlay a troublé cette paix et cette harmo-
nie en fréquentant certaines personnes qu'il ne m'ap-
partient pas de nommer ici, pour aller habiter là où
je n'ai jamais pu savoir, puis rue de l'Échelle, et :,
tandis que moi, je déménageais boulevard de Clichy,
au 75, où j'allais demeurer avec ma pauvre mère, que
la conduite d'Adeline, en qui elle avait placé une si
grande confiance, navrait et affligeait à un point tel
que je ne saurais le dire. Là, ma pauvre mère était
triste, elle ne voyait que des enterrements ; j'ai fait
sacrifice de mon atelier qui, du reste, était trop cher
pour moi. Mademoiselle Dudlay revenait alors nous
voir de temps en temps ; c'est dans cet atelier que j'ai
fait son portrait ; elle redevenait bonne pour ma mère
qui conservait toujours pour elle la même adoration et
semblait n'avoir plus rien à dire quand elle avait dit :

« Ons Adeline ! Notre Adeline !

Je quittai le 75 du boulevard de Clichy pour aller demeurer au 49, où j'avais encore un bel appartement toujours meublé de nos vieilles reliques de famille, et où je
continuais, seule avec ma mère, ma vie de labeur et
d'artiste ; et comme la peinture ne rapportait pas suffisamment alors, j'ai fait de la barbotine artistique chez
M. Artigues, à Montmartre, puis je suis allée tra-
vailler comme simple ouvrière dans une fabrique de
faïence barbotine commerciale, à Montrouge, autant
pour fuir les tristesses qui m'assiégeaient que pour
faire des affaires commerciales, ainsi que me le sug-
gérait Mlle Dudlay et son entourage qui, pendant ce
temps-là travaillaient également ma mère pour l'éloi-
gner de moi, ce à quoi ils ont réussi, car ma mère par-
tit brusquement pour Bruxelles sans que je puisse m'y

opposer, ou très faiblement, parce que d'ailleurs ma mère ne voulait pas mourir à Paris.

Après le départ de ma mère, je suis allée demeurer au 33, boulevard de Clichy, où je n'ai eu comme consolation que le dévouement admirable des Loir, mes concierges, et d'une voisine, Mlle Venot, inspectrice et artiste peintre, qui m'a caché plume et encrier pour que je ne signe plus, car depuis lors ont commencé pour moi des déboires terribles de toutes sortes, mon Exposition particulière, rue de la Paix, où l'on a commis plus d'une indélicatesse à mon égard. Puis les papiers timbrés des usuriers et des huissiers ont fait que ma vie n'a été pendant neuf ans qu'un vrai martyre, travaillant sans cesse, ni trève, ni relâche, encore et toujours; c'était du reste ma seule consolation, mes refus successifs au Salon, refus à Bruxelles, refus à Anvers, exploitation dans une si large mesure par M. Laurencin et Mme Robin, boulevard Haussmann, qu'il n'est pas de mots pour le traduire. Malgré tout cela, je suis arrivée quand même à avoir l'intérieur du 22, rue Labruyère, que j'aimais à cause de mes pauvres bibelots, dernières épaves, seuls souvenirs de famille échappés à tant de troubles et d'orages, avec mes tapis, mes meubles, mes tentures, objets d'art, tous acquis par mon travail ou donnés par des amis. Dans ce milieu, je vivais simplement et loyalement, soutenue, réconfortée par tous ces objets familiers qui m'ont aidée à supporter cette horrible lutte de tant d'années, suivie du résultat néfaste de ma vente à l'Hôtel Drouot à la requête Rosenwald et précédant mon internement à Sainte-Anne, où j'ai supporté avec la même énergie, le même courage, cette horrible et humiliante épreuve, les affronts réellement sanglants dont l'on m'a abreuvée, ne me trouvant sans doute pas suffisamment affligée et abandonnée. Après la torture, ça été l'injure; mais, à l'exemple du Christ, je pardonne à mes bourreaux, qu'ils m'aient conduite au Dépôt et dans une maison de fous, qu'ils aient insulté à ma raison ou à mon talent, à mes sentiments ou à mon honneur, peu m'importe, quoique vieille, je dirai avec la « Captive » de Cheniers :

« D'une prison, sur moi, les murs pèsent en vain, je pleure et j'espère. Au noir souffle du nord, je plie et relève ma tête ! »

J'ai beaucoup supporté, Dieu m'aidera encore et fera le reste, je l'espère, par les gens de cœur et d'honneur qui sont encore en France. Je remercie ceux qui ont bien voulu éveiller l'attention publique sur moi pour me retirer du néant, de l'obscurité sépulcrale où l'on m'a jetée morte vivante et d'où je suis sortie plus saine d'esprit, plus observatrice que jamais et pleine d'espoir en l'avenir.

Mon séjour à Sainte-Anne a été adouci par la bienveillance de MM. les Docteurs Magnan, Dagonnay et Auguste Vigouroux, que je remercie du plus profond de mon cœur et pour lesquels je conserverai une reconnaissance éternelle, ainsi que pour le personnel, entre autres Mᵐᵉ Marie, surveillante, et deux vieilles dames, folles, soi-disant, Mᵐᵉˢ Hock et Lowenstein, qui ont eu pour moi des soins de mère.

Je remercie également la Presse française, qui a daigné élever la voix et me défendre envers et contre ceux qui, insultant lâchement à mon infortune, n'ont cherché qu'à me souiller et flétrir. Je bénis encore MM. Champoudrix, conseiller municipal, et Chauvet qui, usant de leurs droits, ont si vivement insisté pour me voir et ont agi ensuite pour aider à ma sortie. Enfin ma dernière action de grâce est pour la France, ma patrie d'adoption, et le sol natal d'une femme qui m'était complètement étrangère, et qui, seule, a eu le courage de me faire sortir de Sainte-Anne, de me venir en aide de toutes manières, d'implorer pour moi justice et pitié devant la loi et la magistrature, que je supplie de faire luire la vérité.

Paris, le 15 septembre 1891.

ROSA VENNEMAN

N.-B. — *Péri Vérité, se réserve de publier la suite plus tard.*

P.-V.

www.ingramcontent.com/pod-product-compliance
Lightning Source LLC
LaVergne TN
LVHW051346200726
843510LV00002B/846